CLAVES *para el* LIDERAZGO

DR. MYLES MUNROE

Claves *para el* Liderazgo

W

WHITAKER
HOUSE

Traducido al español por: Sara Raquel Ramos

CLAVES PARA EL LIDERAZGO
Publicado originalmente en inglés bajo el título *Keys for Leadership*.

ISBN: 978-1-60374-061-6
Printed in the United States of America
© 2009 by Dr. Myles Munroe

Whitaker House
1030 Hunt Valley Circle
New Kensington, PA 15068
www.whitakerhouse.com

Library of Congress Cataloging-in-Publication Data

Munroe, Myles.
 [Keys for leadership. Spanish]
 Claves para el liderazgo / por Myles Munroe ; [traducido al espanol por Sara Raquel Ramos].
    p.   cm.
 Summary: "Inspirational quotations on the topic of leadership gleaned from Myles Munroe's extensive, biblically based teachings on the subject"—Provided by publisher.
 ISBN 978-1-60374-061-6 (pbk. : alk. paper)   1. Leadership—Religious aspects—Christianity—Miscellanea.   I. Title.

BV4597.53.L43M8518 2009
158'.4—dc22   2008042835

1 2 3 4 5 6 7 8 9 10 11 12 **ധ** 17 16 15 14 13 12 11 10 09

Introducción

$\mathscr{C}$ada ser humano fue creado para liderar en un área de talentos. Esto significa que el Creador lo diseñó a usted para realizar un propósito y una tarea específicos en la vida, y, su tarea determina su área de liderazgo.

Sin embargo, la habilidad para cumplir con esta asignación empieza con el desarrollo de una determinación mental de liderazgo. Cuando usted piensa de acuerdo al espíritu de liderazgo, usted empieza el proceso de llegar a ser en un líder. Algunas de las actitudes o cualidades únicas de los líderes incluyen pasión, iniciativa, trabajo en equipo, innovación, persistencia, disciplina, manejo del tiempo, confianza, disposición positiva, paciencia, paz y compasión.

Cuando el espíritu de liderazgo se manifiesta dentro de alguien, produce una actitud que transforma a esa persona de seguidor a líder. También lleva a aquellos que están en posiciones de liderazgo a un campo de liderazgo que nunca antes habían experimentado.

Medite en las siguientes *Claves para el Liderazgo* y desarrolle el espíritu de liderazgo mientras se vaya acercando al cumplimiento de su especial asignación en la tierra, tarea que le fue dada por Dios.

—*Dr. Myles Munroe*

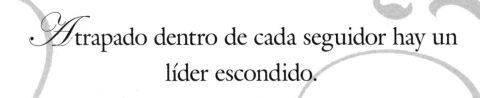

Atrapado dentro de cada seguidor hay un líder escondido.

La cualidad más importante de un verdadero líder es el espíritu de liderazgo. Todos los humanos inherentemente poseemos el liderazgo del espíritu, pero sólo aquellos que capturan el *espíritu* de liderazgo llegan a ser siempre los verdaderos líderes efectivos.

$\mathcal{L}$os verdaderos líderes se distinguen por una actitud mental única que emana de un descubrimiento interno del yo. Esto crea el auto-valor y un auto-concepto fuerte, positivo y seguro.

$\mathcal{T}$odo ser humano tiene el instinto y la capacidad para el liderazgo, pero la mayoría no tiene el coraje o la voluntad de cultivarlo.

El liderazgo genuino es un producto de la inspiración, no de la manipulación.

$\mathcal{L}$os verdaderos líderes no buscan poder, sino que son impulsados por una pasión para lograr una noble causa.

Su tarea, o asignación, determina su área de liderazgo. Muy dentro de cada uno de nosotros hay un gran sueño luchando por liberarse de las limitaciones de nuestras experiencias pasadas, circunstancias presentes y dudas auto-impuestas.

La ignorancia más grande del hombre es la de no conocerse a sí mismo. Lo que usted opine de si mismo, crea su mundo. Ningún humano puede vivir más allá de los límites de sus creencias.

Sus pensamientos crean sus creencias, sus creencias crean sus convicciones, sus convicciones crean sus actitudes, sus actitudes controlan su percepción, y, su percepción dicta su conducta.

El liderazgo es un privilegio confiado a los seguidores.

Todo el dinero del mundo puede hacerlo rico, y, todo el poder del mundo puede hacerlo fuerte, pero estas cosas nunca lo convertirán en un líder.

No existe nada tan poderoso como la actitud. La actitud dicta su respuesta al presente y determina la calidad de su futuro. Usted es su actitud y su actitud es usted. Si usted no controla su actitud, ésta lo controlará a usted.

El factor distintivo entre un ganador y un perdedor es la actitud. Muchas oportunidades se han perdido, se han detenido o se han renunciado a ellas debido a la actitud más que a ninguna otra causa. La actitud es la más poderosa distinción en la vida, más que la belleza, el poder, la riqueza, el título o la clase social.

$\mathcal{L}$a actitud es un producto natural
de la integración del auto-valor, auto-
concepto, auto-estima y sentido del valor
o importancia. En síntesis, su actitud es la
manifestación de quién usted cree que es.

*N*inguna cantidad de entrenamiento
en destrezas de liderazgo, cursos en
métodos administrativos, títulos de poder,
promociones o asociaciones, pueden sustituir
la actitud correcta.

Cada uno de nosotros ha sido creado
para mandar, gobernar, controlar, dominar,
manejar y dirigir nuestros entornos.

Usted en esencia es un líder, ya sea que lo manifieste o no. Ya sea adinerado, pobre, joven, viejo, hombre, mujer, negro, blanco, ciudadano de un país industrializado, ciudadano de un país tercermundista, educado o analfabeta—usted tiene la naturaleza y la capacidad para el liderazgo.

El estar en la posición de un seguidor no niega su potencial inherente de liderazgo.

El liderazgo no es un club de élite para unos cuantos. Es la verdadera esencia de todos los seres humanos. El liderazgo es inherente en nuestra naturaleza y es fundamental para nuestros orígenes, para nuestro carácter humano, y, para nuestro destino.

El verdadero liderazgo es una actitud
que naturalmente inspira y motiva a otros,
y, viene del descubrimiento interno del yo.
Usted no puede "aprender" una actitud.
Si alguien aprende una actitud, esto se
llama acondicionamiento o meramente
consentimiento mental. Eso no es liderazgo.

$\mathcal{U}$na actitud es una perspectiva, una motivación o un deseo que viene desde adentro y no está basada en una consecuencia externa temporal. Es algo profundamente personal e interno que influencia y transforma su pensamiento.

$\mathcal{L}$a clave para el espíritu de liderazgo es la actitud en vez de la aptitud.

La mayoría de nosotros no somos líderes hoy porque, en nuestros corazones, no creemos que lo seamos.

$\mathcal{D}$ebido a que los verdaderos líderes descubren y entienden quiénes son y cuál es su propósito, influencian sus entornos más de lo que sus entornos les influencian a ellos.

*L*os verdaderos líderes se esfuerzan
por salir de las crisis y se vuelven creativos
en las dificultades.

*T*odos debemos descubrir y cultivar el espíritu de liderazgo—esta actitud de moldear y formar nuestras vidas de acuerdo a nuestros propósitos. Hemos estado tan acondicionados por el desánimo, el fracaso o la opresión de otros, al punto que nos sentimos temerosos de seguir nuestros instintos naturales de liderazgo.

$\mathcal{E}$l potencial de liderazgo dentro de usted está esperando a ser descubierto. Usted *nació* para liderar, pero debe *convertirse* en un líder.

El verdadero liderazgo fundamentalmente
requiere de la responsabilidad de
llevar a los seguidores hacia el
emocionante desconocido y crear
una nueva realidad para ellos.

El liderazgo es la capacidad de influenciar a otros a través de la inspiración motivada por una pasión, generada por una visión, producida por una convicción, encendida por un propósito.

Las personas a quienes usted inspira
le llaman "líder" cuando están estimuladas
a participar en la visión positiva que usted les
está presentando—ya sea que ésta sea
una visión para un país, una compañía
o una causa.

$\mathcal{S}$i la inspiración es la clave para legitimar la influencia, y, de esta manera, la fuente del verdadero liderazgo, entonces la inspiración debería ser la búsqueda de todos los verdaderos líderes.

La pasión del verdadero liderazgo es el descubrimiento de una creencia, una razón, una idea, una convicción, o una causa—no sólo para vivir, sino también, para morir—la cual se enfoca en beneficio de la humanidad como un todo.

$\mathcal{L}$os verdaderos líderes son aquellos que expresan eficazmente sus pasiones internas, las cuales encuentran una respuesta en común en los corazones de los demás. Esta es la pasión que atrae a la gente hacia el líder quien, a cambio, los motiva a tomar acción.

*E*l mayor liderazgo parece emerger durante los momentos de conflictos personales, sociales, económicos, políticos y espirituales.

Aunque los líderes tengan seguidores,
tener seguidores no es un prerrequisito para
ser un líder. Las demandas del liderazgo
pueden requerir que usted se quede solo
al enfrentar un conflicto, la opinión
pública o una crisis.

*C*uando usted tenga un propósito y una pasión, debe llevarla a cabo, aunque usted sea el único que crea en eso, en ese momento.

CLAVES para el LIDERAZGO

$\mathcal{L}$a inspiración es el depósito divino del destino en el corazón de una persona.

$\mathcal{L}$os verdaderos líderes descubren las claves de la naturaleza del liderazgo por los ejemplos de otros, pero nunca tratan de convertirse en esos otros líderes. Deben usar sus propios dones y habilidades para hacer lo que individualmente fueron llamados a hacer.

El verdadero liderazgo primero tiene que ver con quién es usted y no con lo que usted hace. La acción del liderazgo fluye naturalmente de una revelación personal del liderazgo.

El liderazgo del espíritu es la capacidad y el potencial inherente del liderazgo que es la naturaleza esencial de los seres humanos. El *espíritu de liderazgo* es la determinación mental o las actitudes que acompañan al liderazgo del espíritu y que permite al adormecido potencial de liderazgo para que sea totalmente manifestado y maximizado.

$\mathcal{L}$a capacidad inherente del espíritu humano para dirigir, manejar y dominar fue puesto allí en el momento de la creación y se hizo necesario para el propósito y misión para lo cual la humanidad fue creada.

El liderazgo del espíritu es la esencia del espíritu humano. El hombre no *tiene* un espíritu; el hombre *es* un espíritu, y, ese espíritu es una expresión del Espíritu de Dios.

*C*uando nos realicemos,
naturalmente seremos líderes.

Si fuimos creados para ser líderes, entonces todos debemos poseer la capacidad, el deseo inherente, los talentos naturales, el potencial y las habilidades que corresponden a ser un líder. Usted no le puede pedir a un producto lo que no tiene.

El Creador es un hacedor de líderes. Ser diseñados a la imagen y semejanza de Dios significa que fuimos ordenados por Él para ser líderes. El requisito de Dios para que tengamos dominio, es la evidencia de que la habilidad para liderar está inherente en cada espíritu humano.

$\mathscr{P}$ara ejercer liderazgo, debe creer que usted es inherentemente un líder.

No busque grandeza, sino busque servir con su don a otros a la máxima extensión que pueda, y, se convertirá en una persona que todos busquen. En esencia, Jesús definió que el verdadero liderazgo es convertirse en una persona que es valiosa para los demás, en vez de ser una persona sólo de posición o fama.

La distancia más corta al liderazgo es el servicio. El liderazgo genuino no es medido por cuánta gente le sirve a usted, sino a cuánta gente usted sirve. Mientras mayor sea su servicio, más valora a otros y mayor es su liderazgo.

*A*mar el dinero a expensas de la dignidad, el valor y el beneficio de otros es un abuso de nuestro *"poder para hacer las riquezas"* (Deuteronomio 8:18).

$\mathcal{L}$os verdaderos líderes son honestos. No hay manipulación o engaño en sus tratos con los demás o en la búsqueda de sus visiones. Los verdaderos líderes poseen candor y sentido común. Primero son sinceros consigo mismos y luego con los demás.

La búsqueda más importante en la vida, es
la búsqueda de la verdad.

$\mathcal{L}$os verdaderos líderes nacen en la presencia de su Creador porque es ahí donde descubren la verdad sobre ellos mismos. Para descubrir la verdad acerca de su habilidad y destino, usted debe redescubrir el valor de una relación con su Fuente.

CLAVES *para el* LIDERAZGO

*R*edescubrir a Dios como su Fuente, naturalmente le conducirá a la revelación de que todos los humanos son creados a Su Imagen y semejanza, y, por lo tanto, poseen el mismo valor, mérito y estimación que usted.

Los verdaderos líderes respetan y honran la autoridad y se sienten cómodos en su presencia.

Usted debe escoger el cumplir con su naturaleza de liderazgo. Tener el espíritu de liderazgo sin desarrollar las actitudes y cualidades del liderazgo es como tener un potente automóvil sin adquirir el conocimiento o la habilidad para conducirlo.

*N*uestras actitudes no pueden detener nuestros sentimientos, pero pueden prevenir que nuestros sentimientos nos detengan.

*U*na imagen propia o concepto pobre, siempre resultará en poco valor de la humanidad, y esto, dará origen al abuso, la corrupción, la opresión y la necesidad de dominar y controlar a los demás.

$\mathcal{N}$ada es más peligroso que el poder en manos de alguien que sufre de un sentido de inferioridad mental. La fórmula para la opresión es el poder sin salud mental.

$\mathscr{S}$i usted se ama en el sentido real, siempre usará su poder para ayudar a otras personas, en vez de maltratarlos. De la manera en que usted se ve, es la manera en que verá a todos los demás que se relacionan con usted. No puede amar a nadie más allá de lo que usted se ama a sí mismo.

La esencia del liderazgo es que usted valore a otras personas. Es decir, usted les da algo valioso con que contribuir e involucrarse. El verdadero liderazgo le da a las personas una causa, una razón para vivir, y, un sentido de importancia que le da significado a sus vidas para que se sientan necesarios y útiles.

Usted no puede dar importancia si todavía no la tiene. Usted no puede guiar a la gente donde usted mismo no haya ido antes.

El valor que usted les dé a los demás
es un reflejo del valor que usted se tiene
a sí mismo.

Usted debe llegar al punto en donde esté convencido de que usted es necesario. Los verdaderos líderes creen que son necesarios para su generación y el mundo.

*L*as creencias y las convicciones de un líder regulan la naturaleza de su liderazgo.

$\mathscr{L}$o que usted cree en su corazón, es esencial, vital, crucial para su vida. Usted vive por su corazón. Mira a través de su corazón. Interpreta por medio de su corazón. Juzga por medio de su corazón. Lidera por medio de su corazón.

$\mathscr{S}$i no borra o reemplaza la información "corrupta" que ha almacenado en el "disco duro" de su corazón acerca del liderazgo, entonces su liderazgo será distorsionado. El verdadero liderazgo exige un constante monitoreo de lo que va al corazón.

El verdadero liderazgo es manifestado cuando el individuo usa su llama para iluminar las vidas de muchos y les ayuda a descubrir la reserva de aceite escondido en sus lámparas.

Su actitud es más ponderosa
que su reputación.

CLAVES para el LIDERAZGO

$\mathcal{S}$u habilidad para liderar depende
de la actitud producida por su auto-imagen
y auto-estima.

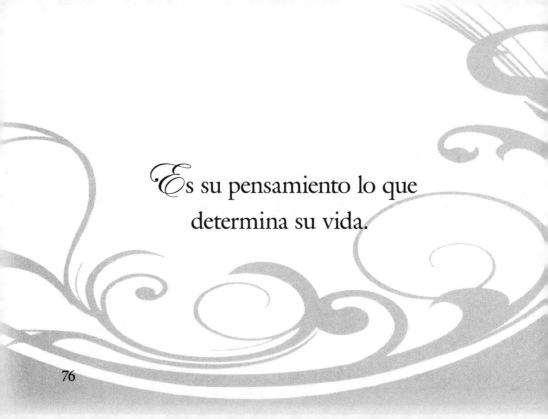

Es su pensamiento lo que determina su vida.

$\mathscr{L}$o que no conocemos sobre
nosotros mismos nos limita. Los líderes
están limitados por el alcance de su
conocimiento de la verdad acerca
de ellos mismos y el mundo.

El verdadero liderazgo tiene más que ver con la determinación de la mente que con los métodos y las técnicas.

Ser líder es una parte natural de nuestra composición, pero pensar como líder es difícil.

Entrenar para el liderazgo realmente quiere decir entrenar en la actitud porque la actitud tiene que ver con cómo respondemos a la vida. Debemos pensar, hablar, caminar, vestir, actuar, responder, decidir, planear, trabajar, relacionarnos, y vivir como líderes.

En mi experiencia, el liderazgo es 20 por ciento de talento, habilidad y conocimiento técnico, y, 80 por ciento de actitud.

$\mathcal{C}$ultivar el espíritu de liderazgo es una elección, y, sólo usted la puede hacer.

Usted siempre actuará de manera que sea consistente con su auto-imagen.

Como usted se define a sí mismo, es la única declaración más importante que puede hacer sobre sí mismo, y, es el corazón de la actitud. El espíritu de liderazgo surgirá de su auto-definición.

$\mathcal{L}$as actitudes no son más que hábitos del pensamiento producidos por su auto-imagen, auto-valor y auto-estima. Estos hábitos pueden ser adquiridos y cambiados por el reacondicionamiento de la mente.

El verdadero liderazgo no puede nacer o existir sin un sentido del propósito.

El propósito crea un líder porque provee
una asignación para la vida e indica un
sentido de importancia.

$\mathscr{S}$u liderazgo está escondido en su propósito, y, su propósito es la clave de su pasión.

$\mathscr{L}$a actitud de la pasión es un atributo indispensable del liderazgo y sirve como la fuerza conductora de la motivación que sustenta el enfoque del líder.

$\mathscr{P}$ara poder convertirse en el líder para lo cual fue creado, usted debe definir un propósito para su vida que produzca una pasión para vivir.

Claves para el Liderazgo

*L*os líderes no sólo hacen, ellos *sienten* lo que están haciendo. Su pasión continuamente les motiva e inspira.

*L*os verdaderos líderes no tienen trabajos;
tienen asignaciones de por vida.

El liderazgo nace cuando se descubre una obligación divina para su comunidad, para el mundo y para la generación.

*L*os líderes están dispuestos a
entregarse totalmente al cumplimiento
de sus propósitos.

*L*os verdaderos líderes son resueltos en sus decisiones para lograr sus metas y propósitos.

La pasión nos ayuda a salir de nuestras rutinas diarias.

$\mathcal{L}$os verdaderos líderes no necesitan estímulos externos para tomar acción. Ellos son auto-motivados.

$\mathcal{S}$i usted capta el sentido del destino que existió antes que usted y continuará después de usted, y, si siente que está involucrado en algo que es mayor que usted mismo; entonces, usted está en el camino hacia el liderazgo. La pasión nace cuando usted se conecta tanto al pasado como al futuro.

$\mathcal{U}$n líder, usualmente, se mueve hacia las cosas que no todavía no pueden ser vistas pero serán manifestadas en el futuro.

*U*n verdadero líder construye *sobre* el pasado y construye *para* el futuro.

$\mathcal{L}$os líderes saben que el propósito es mucho mayor que uno o varios incidentes. Se mantienen firmes hacia el cumplimiento de sus propósitos, sin importar lo que pase.

Usted sabe que su visión proviene de Dios cuando se mantiene firme una vez que haya pasado la tormenta.

$\mathscr{L}$os líderes no esperan que el futuro llegue; ellos lo crean. No esperan que los demás hagan lo que saben que deben o pueden hacer.

$\mathcal{L}$os líderes no sólo sueñan; se despiertan y
ponen en acción sus sueños.

$\mathcal{L}$a actitud de la iniciativa le permite ser su propio entrenador para que mantenga su ánimo en la búsqueda de su propósito en la vida.

$\mathcal{N}$ada puede ser realizado a menos que una decisión se haya tomado al respecto.

$\mathcal{C}$on frecuencia desistimos de tomar la iniciativa porque nos asustan de las responsabilidades o las consecuencias de nuestras acciones.

Sea un líder—inicie.

Los verdaderos líderes se distinguen por su fuerte sentido de prioridades.

Lo que hacemos determina quiénes somos y en qué nos convertimos. Los verdaderos líderes tienen un claro sentido de lo que necesitan hacer.

El liderazgo efectivo conlleva el manejo de las prioridades. Los verdaderos líderes han aprendido cómo distinguir entre lo que es realmente importante para sus vidas y el cumplimiento de sus propósitos, y, lo que es una necesidad urgente pero temporal.

$\mathcal{P}$odemos hacer muchas cosas, pero no todo es constructivo para nuestras vidas. Una de nuestras responsabilidades principales como líderes, es determinar lo que es mejor para nosotros de acuerdo a nuestro propósito y visión en la vida.

$\mathcal{L}$os verdaderos líderes hacen una distinción entre una oportunidad y una distracción, entre lo que es bueno y lo que es correcto para ellos. Los líderes saben que las prioridades protegen la energía, el tiempo, los recursos y el talento.

Todos los verdaderos líderes poseen una actitud de seguir hacia la meta. Los líderes se distinguen de los seguidores por su pasión por las metas preestablecidas.

Un líder sabe cómo trazar las metas correctas. Esta es una actitud vital que se debe cultivar porque su futuro y su vida dependen de las metas que usted se fije—ya sea consciente o subconscientemente. A donde quiera llegar en su vida, ese será el resultado de las metas que trace o no para usted mismo.

$\mathcal{L}$as metas nos protegen de las influencias excesivas de otras personas. Los verdaderos líderes siempre son entusiastas y celosos de sus metas porque estas metas representan sus vidas. Nuestras vidas cambian cuando nuestras metas cambian; por lo que debemos ser cuidadosos de guardar nuestras metas.

Si usted no tiene ninguna meta, las demás personas van a regir su vida.

Una meta es un punto establecido para el logro que guía a una mayor realización.

Una meta es un prerrequisito para el cumplimiento de un plan máximo.

$\mathcal{D}$eterminar metas es el arte
de la disciplina.

*L*as metas crean puntos centrales
para nuestra energía. Ellas nos protegen
de la demora.

$\mathcal{L}$os líderes…

- estipulan sus metas.
- comunican sus metas.
- se comprometen con sus metas.
- son regulados por sus metas.
- son disciplinados por sus metas.
- se mantienen conforme a sus metas.
- creen en sus metas.
- se enfocan en sus metas.

*L*os líderes...

- miden sus progresos y éxitos conforme a sus metas.
- revisan sus metas cuando es necesario.
- protegen sus metas de la interferencia y distracción.
- transfieren sus metas a sus compañeros y a la siguiente generación.

El secreto para el éxito del liderazgo es vivir una vida bien enfocada y de acuerdo con su propósito.

Todos los verdaderos líderes poseen la actitud de trabajar en equipo porque no les importa quien se lleva el reconocimiento.

$\mathcal{U}$n líder siempre es alguien que trabaja en equipo. Los verdaderos líderes siempre son concientes de que ninguna gran realización ha sido lograda por un solo individuo.

Un líder sabe que cada persona fue creada para suplir una necesidad. Todos tenemos una habilidad que nadie más tiene, y, es indispensable en el mundo.

$\mathcal{P}$or sus dones y perspectivas únicos, cada ser humano es una solución para cierto problema que necesita ser resuelto.

$\mathscr{L}$a innovación es la reserva creativa de los verdaderos líderes.

El espíritu de liderazgo siempre se manifiesta en una actitud innovadora. La misma naturaleza de liderar exige un espíritu de innovación a medida que los líderes llevan a sus seguidores hacia un mundo de visión todavía no descubierto.

$\mathcal{L}$os verdaderos líderes aprenden por sus experiencias, pero nunca viven en ellas. Nunca viven sus vidas por experiencias previas o de lo contrario se atrincherarían en el pasado. Los líderes no permiten que el pasado dicte o entrampe al futuro.

$\mathcal{L}$os verdaderos líderes nunca son prisioneros de la tradición.

$\mathcal{T}$ener una mentalidad predeterminada entorpece al liderazgo del espíritu de innovación.

Siempre que usted encuentre un proyecto, un desafío o un problema, practique el pensar en nuevas maneras de resolverlos y con una diferente mentalidad.

Aproveche la creatividad y explore los mundos inexplorados de lo no probado.

$\mathcal{L}$os líderes no siguen los senderos—ellos abren caminos. Los líderes se aventuran donde otros ni intentan pasar.

*A*ventúrese en la zona
desconocida—innove.

El espíritu del verdadero liderazgo siempre
posee un sentido de rendir cuentas
y de responsabilidad.

CLAVES para el LIDERAZGO

$\mathcal{L}$os verdaderos líderes son conscientes de su mayordomía de la confianza dada a ellos por aquellos a quienes sirven. El espíritu de liderazgo busca ser fiel a la sagrada confianza de los seguidores, en vez de hacer sólo lo que le complazca al líder.

$\mathcal{L}$a protección del liderazgo es una sumisión voluntaria hacia una autoridad confiada. El espíritu de rendir cuentas es la manifestación activa de la sumisión hacia la autoridad.

*S*ea conciente de que cualquier cosa que usted haga como líder puede que sea personal, pero nunca es privada. Sea consciente de que su máxima responsabilidad es hacia el Creador de todos los líderes.

El espíritu de liderazgo nunca se rinde hasta que logra su meta; este es un espíritu que nunca renuncia.

$\mathcal{L}$os líderes persisten porque tienen una firme comprensión de sus propósitos, saben hacia donde van y confían que lo lograrán.

$\mathcal{L}$os verdaderos líderes creen que la realización de sus propósitos no es opcional, sino que es una obligación y una necesidad, por lo que nunca pueden pensar en rendirse.

$\mathcal{L}$os líderes genuinos saben que la auto-disciplina es la manifestación de la más alta forma de gobierno—el auto-gobierno.

El verdadero espíritu de liderazgo cultiva
el auto-control que regula el enfoque
y ordena la vida personal. El estilo de
vida disciplinado distingue a los líderes
de los seguidores.

$\mathcal{L}$os líderes saben que el tipo de control más poderoso es la auto-disciplina, porque es la más difícil de dominar pero cosecha la mayor de las recompensas. Por lo tanto, están más preocupados en controlarse a sí mismos que en controlar a los demás.

La visión es la fuente de la disciplina
del líder.

Todos los verdaderos líderes son estudiantes *de* la vida y de *por* vida.

$\mathcal{L}$os verdaderos líderes poseen la actitud del liderazgo de la auto-capacitación, una pasión por el desarrollo personal.

Los líderes siempre están buscando oportunidades para avanzar en sus conocimientos. Crean sus propias oportunidades de aprendizaje y facilitan sus propios ambientes educativos. La colección personal de libros, usualmente, es la mayor posesión del líder.

$\mathcal{L}$os líderes estudian más allá del reino de sus propias disciplinas—pero de maneras que les ayude a avanzar en sus propósitos y visiones.

$\mathcal{L}$a actitud del liderazgo tiene más que ver con su expresión total que con el intento de ser probada ante los demás.

$\mathcal{E}$l liderazgo es un arte y una ciencia: es innato pero también aprendido; es inherente pero también debe ser desarrollado.

El verdadero liderazgo es la esperanza
del futuro de nuestro mundo y determinará
el éxito o el fracaso de nuestros hogares,
comunidades, ciudades, naciones y planeta.

El liderazgo es la única cosa que realizará nuestra pasión innata por la grandeza.

El liderazgo genuino es el descubrimiento
del propósito personal y la asignación
en la vida, y, los inherentes dones y
habilidades que vienen con esa asignación.
Es el compromiso para servir con su don al
mundo para mejorar las vidas de muchos.

Acerca del Autor

El Dr. Myles Munroe es un ponente motivador internacional, autor de libros de mayor venta, educador, mentor de líderes, y, asesor de negocios y del gobierno. Viajando extensamente alrededor del mundo, el Dr. Munroe trata temas críticos que afectan todo el desarrollo humano, social y espiritual. El tema central de su mensaje es la transformación de seguidores a líderes y la maximización del potencial.

Fundador y presidente de Bahamas Faith Ministries International (Ministerio Internacional de Fe de las Bahamas), una organización multidimensional con sede en Nassau, Bahamas, el Dr. Munroe es también el fundador y productor ejecutivo de varios programas radiales y televisivos que son transmitidos mundialmente. Él obtuvo una licenciatura de la Oral Roberts University, una maestría de la University of Tulsa, y, le han sido otorgados varios doctorados honoríficos.

El Dr. Munroe y su esposa, Ruth, viajan como un equipo y participan enseñando seminarios. Ambos son líderes que ministran con corazones sensibles y una visión internacional. Son padres orgullosos de dos graduados universitarios, Charisa y Chairo (Myles, hijo).

THE ISLANDS OF THE
bahamas

www.worship.bahamas.com

Para información acerca del
Turismo Religioso
escriba a: ljohnson@bahamas.com
1.800.224.3681

Estas citas de inspiración sobre el liderazgo, la soltería, el matrimonio, y, la oración, del Dr. Myles Munroe, autor de libros de mayor venta, pueden ser aplicadas a su vida de forma práctica y poderosa.

Claves para el Liderazgo: ISBN: 978-1-60374-061-6 • rústica • 160 páginas
Claves para el Matrimonio: ISBN: 978-1-60374-063-0 • rústica • 160 páginas
Claves para la Oración: ISBN: 978-1-60374-064-7 • rústica • 160 páginas
Claves para la Soltería: ISBN: 978-1-60374-062-3 • rústica • 160 páginas

WHITAKER
HOUSE

www.whitakerhouse.com